Niedrig-
temperaturgaren

AUTORIN: MARGIT PROEBST | FOTOS: SABINE MADER UND ULRIKE SCHMID

Praxistipps

Extra

Rezepte

8 Feine Stückchen für zwei

22 Zarte Braten für vier

38 Große Braten für acht

52 Fisch: sanft gegart bei 100°

Sanftes Garen bei 80°

Fleisch, so butterzart und saftig wie Sie es noch nie gegessen haben? Mit der Niedrig-temperatur-Methode bekommen Sie das hin wie die Profis!

So funktioniert es

Beim sanften Garen braten Sie das Fleisch zunächst bei mittlerer Hitze rundherum goldbraun sorgfältig an und legen es dann in die Form – wichtig dabei: Das Fleisch dabei nicht einstechen. Während es anschließend bei 80° schonend im Backofen fertig gart, entspannt sich das Fleisch und die Säfte verteilen sich optimal.
Die Niedrigtemperatur-Methode ist ideal für Einladungen: Während der langen Garzeit können Sie sich in Ruhe um Sauce und Beilagen kümmern.

Der richtige Backofen

Das A und O ist ein Backofen, der eine konstante Temperatur von 80° hält. Im Prinzip eignen sich alle Herde mit Elektro-Backrohr. Gasbacköfen werden leider meist zu heiß. Verlassen Sie sich aber auch bei Elektro-Backöfen nicht blind auf die Grad-Angabe auf dem Schalter. Im Bereich unter 100° Grad sind sogar viele neuere Modelle ungenau. Bevor Sie loslegen, sollten Sie Ihren Ofen mit einem Backofenthermometer testen. Stellen Sie es in die Mitte auf das Gitter und stellen den Backofen auf 80°. Wenn sich diese Temperatur dann über Stunden nicht verändert, können Sie künftig auf regelmäßige Kontrollen verzichten. Die Temperatur des Backofens schwankt zwischen 75° und 85°? Für die Qualität Ihres Bratens ist das unproblematisch, aber die Garzeit ändert sich und wird schwer kalkulierbar. Also besser regelmäßig nachschauen und die Temperatur eventuell durch Hochschalten oder kurzes Öffnen der Backofentür regulieren.

Gutes Fleisch, perfektes Ergebnis

Fürs sanfte Garen bei 80° eignen sich alle zarten Stücke von Schwein, Kalb, Rind, Lamm, Wild und Geflügel, die zum Kurzbraten in der Pfanne oder als große Braten im Ofen geeignet sind. Achten Sie beim Einkauf auf beste Qualität – ein zähes Stück Fleisch wird auch durch die 80°-Methode nicht zum Gourmetstückchen. Einwandfreies frisches Fleisch und hygienische Verarbeitung sind bei dieser Methode besonders wichtig, weil das Fleisch nicht bei hohen Temperaturen durchgebraten wird! Aufgetautes Fleisch sollten Sie im Zweifelsfall besser herkömmlich zubereiten und durchgaren.

Bestes Aroma durch sanftes Garen

Durch das sanfte Garen bei Niedrigtemperatur reift das Fleisch im Ofen nach und entwickelt sein volles Aroma. Einziger Wermutstropfen: Da die wertvollen Säfte im Fleisch bleiben, entsteht wenig Sauce. Die müssen Sie separat zubereiten.

Fisch auf den Punkt gegart

Mal nicht ganz durch, mal fast verkocht? Dank Niedrigtemperatur gelingt auch Fisch künftig perfekt! Besonders die festfleischigen Sorten wie Thunfisch, Schwertfisch und Seeteufel werden so superzart und saftig wie nie. Und auch ganze Fische sind – in Folie im eigenen Dampf gegart – ein Kinderspiel. Bei Fisch sind allerdings 100° angesagt, denn bei 80° flockt das Fischeiweiß aus – ist zwar unschädlich, sieht aber nicht besonders hübsch aus.

Das brauchen Sie dazu

Backofenthermometer Konstante 80° Backofen-temperatur – sie sind die Erfolgsgarantie für alle Fleischrezepte dieses Buches. Kontrollieren Sie die Ofentemperatur bei Ihren ersten Versuchen unbedingt regelmäßig mit einem Backofenthermometer (bekommen Sie für wenig Geld im Haushaltswarengeschäft). Sie bleibt, einmal eingestellt, unverändert? Prima! Dann können Sie Ihren Braten künftig unbesorgt über Stunden alleine lassen. Er wird ohne weiteres Zutun perfekt gelingen.

Backofen-thermometer

Ofenfeste Form Verwenden Sie fürs sanfte Garen bei 80° eine flache, hitzebeständige Form aus Porzellan oder Keramik. Zur Not geht auch ein Teller oder eine Platte. Stellen Sie sie auf das Backofengitter (auf die richtige Einschubleiste!) und wärmen sie mit dem Backofen vor. So geschieht das Umsetzen des Bratens ohne Temperaturverlust.

Ofenfeste Formen

Bratenthermometer Dabei handelt es sich um eine Metallsonde mit hitzeempfindlicher Spitze. Stecken Sie es gegen Ende der erwarteten Garzeit in die dickste Stelle des Bratens. Auf einer Skala können Sie die Kerntemperatur ablesen. Ob Sie ein einfaches oder ein digitales Modell mit akustischer Warnfunktion wählen, bleibt Ihnen überlassen. Sie bekommen beide in guten Haushaltswarengeschäften.

Bratenthermometer

Zart und saftig wie noch nie

Rundherum anbraten und dann ab damit in den Ofen! Wenn Sie folgende Dinge beachten, wird Niedrigtemperaturgaren für Sie zum Kinderspiel.

Richtig anbraten

Sie braten das Fleisch sorgfältig an, alles Übrige erledigt Ihr Backofen. Klingt ganz einfach, und genauso ist es auch! Nehmen Sie das Fleisch je nach Größe 30 Min. bis 1 Std. vor der Zubereitung aus dem Kühlschrank, damit es beim Anbraten Zimmertemperatur hat. Heizen Sie den Backofen samt einer flachen, ofenfesten Form (siehe Seite 5) auf 80° (Ober- und Unterhitze, keine Umluft) vor. Würzen Sie das Fleisch nach Rezept und braten es dann sorgfältig an: Erhitzen Sie eine Pfanne und geben Öl oder Butterschmalz hinein. Kleine Stücke werden kurz von jeder Seite bei starker Hitze angebraten. Große Braten sollten Sie über eine längere Zeit bei etwas weniger starker Hitze sorgfältig rundherum, auch an den Enden, anbraten. Halten Sie dabei bitte die im Rezept angegebenen Anbratzeiten ein! Ihr Braten bekommt dadurch nicht nur die schützende Kruste, die die Säfte im Fleisch hält, sondern auch die nötige Grundtemperatur. Setzen Sie das Stück danach – schnell, damit keine Wärme verloren geht – in die Form im Backofen um.

Große Braten und ganzes Geflügel

Große Braten wie Lamm- oder Hirschkeulen oder auch ganze Enten und Gänse können Sie nicht in einer Pfanne anbraten. Da bietet es sich an, sie in der Fettpfanne des Ofens bei höherer Temperatur vorzubraten, dann die Hitze zu reduzieren und sie bei 80° fertig zu garen. Beispiele dafür sind die Orangenente (S. 36) oder die Lammkeule (S. 44).

Bei beiden Vorgehensweisen wichtig: 1. Decken Sie das Fleisch im Ofen nicht ab, denn die Luft muss zirkulieren können. 2. Gießen Sie keine Flüssigkeit an. Der Braten würde sonst in einer »Pfütze« liegen, die die schützende Kruste aufweicht.

Fertig und servierbereit?

Bei Steaks oder Medaillons erkennen Sie bereits durch die Daumendruckprobe, ob das Fleisch gar ist: Lassen Sie (zum Vergleich) eine Hand locker und drücken mit dem Daumen der anderen in den Daumenballen: So fühlt sich Fleisch an, das innen noch blutig ist. Spannen Sie nun den Daumenballen fest an: Wenn Sie jetzt drücken, spüren Sie Widerstand. So fühlt sich durchgebratenes Fleisch an. Wenn sich das Steak oder Medaillon zwar eindrücken lässt, die Delle aber sofort wieder zurückgeht, so ist es »medium«, also noch leicht rosig.

Prinzipiell gilt das Gleiche für große Braten. Allerdings erfordert es etwas Übung, den Gargrad von außen zu erfühlen. Da sind Sie mit einem Bratenthermometer (siehe Seite 5) auf der sicheren Seite: Stecken Sie es ca. 30 Min. vor Ende der angegebenen Garzeit in die dickste Stelle (aber nicht bis zum Knochen!) und warten ab, bis die gewünschte Kerntemperatur erreicht ist.

Ihr Braten ist fertig? Nehmen Sie ihn aus dem Ofen, schneiden ihn in Scheiben und servieren ihn. Der Braten muss nicht ruhen. Bei dieser Methode verteilen sich die Säfte während des Garens optimal, er blutet beim Anschneiden kaum aus.

So gelingt's garantiert

Bei Ihren ersten Versuchen wich die tatsächliche Garzeit erheblich von der im Rezept angegebenen ab? An diesen Punkten könnte es gelegen haben.

Das Fleisch war zu kalt

Nehmen Sie das Fleisch rechtzeitig aus dem Kühlschrank! Für Medaillons und Steaks reichen 30 Min., einen großen Braten sollten Sie mindestens 1 Std. vorher herausnehmen. Wird das Fleisch kalt angebraten, verlängert sich der Garprozess. Die Wärme braucht länger, um bis zum Kern vorzudringen.

Anbraten, aber richtig

Sehen Sie bitte bei der Anbratzeit auf die Uhr! Das Fleisch bekommt durch das sorgfältige Anbraten neben der schützenden Kruste nämlich auch gleich die nötige Grundtemperatur mit – und das braucht seine Zeit.

Gewicht und Format

Die Anbratzeit und die Garzeit hängen neben dem Gewicht des Fleischstückes vor allem von seiner Dicke ab. Eine lineare Berechnungstabelle nach dem Motto »Pro Kilogramm Fleisch so und so lange garen« lässt sich nicht erstellen. Die im Buch angegebenen Garzeiten sind Näherungswerte. Deshalb steht bei jedem Rezept die ideale Kerntemperatur: Das »Feintuning« können Sie dadurch mittels Bratenthermometer selbst übernehmen.

Die Ofentemperatur schwankt

Eine konstante Backofentemperatur von 80° ist unbedingt erforderlich. Schon ein gelegentliches Absinken auf 70° verzögert den Garvorgang enorm, bei 60° kommt er zum Stillstand. Umgekehrt trocknet Fleisch bei langen Garzeiten bei 90° bis 100° aus. Kontrollieren Sie die Ofentemperatur regelmäßig, bis Sie Ihren Herd genau kennen. Steigt sie zwischendurch an, öffnen Sie die Backofentür, bis der Ofen wieder auf 80° abgekühlt ist. Ist sie zu niedrig, schalten Sie den Ofen kurzfristig höher.

Wenn sich Ihre Gäste verspäten, können Sie sich die Verzögerung des Garvorgangs natürlich zunutze machen: Reduzieren Sie die Ofentemperatur auf 60°. So können Sie kleine Stücke wie Medaillons oder Hähnchenbrüste ca. 30 Min., große Braten sogar bis zu 1 Std. nahezu unverändert und ohne Qualitätsverlust warm halten.

Superzart, aber leider nur lauwarm?

Das bei 80° gegarte Fleisch ist innen naturgemäß nur warm. Servieren Sie es deshalb sofort. Tranchieren Sie den Braten, sobald er aus dem Ofen kommt. Und servieren Sie ihn auf vorgewärmten Tellern (in den letzten 10 Min. mit in den Ofen geben!). Beilagen und Sauce sollten unbedingt heiß sein.

Lust auf eigene Experimente?

Nur zu, wenn Sie die Methode verinnerlicht haben, steht dem nichts im Wege! Sie finden in der hinteren Umschlagklappe eine Garzeitentabelle, auch zu Fleischstücken anderer Größe als im Buch verwendet. Diese Tabelle wird übrigens unter www.margit-proebst.de – auch dank zahlreicher Leserrückmeldungen – ständig erweitert und aktualisiert. Da werden Sie sicher fündig!

Feine Stückchen für zwei

Während die Lammkoteletts sanft im Ofen ihrer köstlich-zarten Vollendung entgegengaren, zaubern Sie die fruchtigen Linsen dazu – ein Gedicht! Ebenso leicht und ohne Hast gelingen Steaks und Medaillons, Hähnchen- und Entenbrüste samt raffinierter Saucen und Beilagen – perfekt fürs entspannte Schlemmermenü zu zweit.

Lammkoteletts mit Apfel-Linsen

6–8 kleine Lammstielkoteletts (ca. 500 g)
Salz | Pfeffer
3 EL Olivenöl
1 kleine Zwiebel
1 Knoblauchzehe
1 kleiner säuerlicher Apfel (z. B. Braeburn)
2–3 TL Zitronensaft
120 g rote Linsen
¼ l Gemüsebrühe
Zucker

Für 2 Personen | ⊕ 30 Min. Zubereitung
30 Min. Garen | Kerntemperatur: 60°
Pro Portion ca. 1060 kcal, 45 g EW, 81 g F, 39 g KH

1 Den Backofen samt einer ofenfesten Form auf 80° vorheizen. Die Lammkoteletts kalt abspülen, trocken tupfen, salzen und pfeffern. In einer Pfanne 2 EL Öl erhitzen, die Koteletts darin portionsweise von jeder Seite 1 Min. anbraten. Nebeneinander in die Form legen und im Ofen (Mitte) in 30 Min. fertig garen.

2 Inzwischen Zwiebel und Knoblauch schälen und fein hacken. Den Apfel schälen, das Kerngehäuse entfernen, Fruchtfleisch in millimeterfeine Würfel schneiden und mit 1 TL Zitronensaft mischen.

3 Das übrige Öl in einem Topf erhitzen, Zwiebel und Knoblauch darin 1 Min. unter Rühren anbraten. Die Linsen hinzufügen und gut unterrühren. Die Brühe angießen, aufkochen und die Linsen zugedeckt 10 Min. bei schwacher Hitze kochen lassen, gelegentlich umrühren. Apfelwürfel hinzufügen und 2–3 Min. mitgaren. Mit Salz, Pfeffer, übrigem Zitronensaft und 1 Prise Zucker abschmecken. Apfel-Linsen auf zwei vorgewärmten Tellern verteilen und die Lammkoteletts darauf anrichten.

gelingt leicht

Medaillons in Thymianbutter

4 Zweige frischer Thymian
4 getrocknete Tomaten (in Öl) + 2 EL Einlegeöl
1 Knoblauchzehe
Salz | Pfeffer
60 g weiche Butter
300 g Schweinefilet
20 g Parmesan am Stück

Für 2 Personen | 🕐 20 Min. Zubereitung
40 Min. Garen | Kerntemperatur: 65°
Pro Portion ca. 560 kcal, 39 g EW, 41 g F, 10 g KH

1 Den Thymian waschen und trocken schütteln, die Blättchen abstreifen und hacken. Die Tomaten abtropfen lassen und fein würfeln. Den Knoblauch schälen und fein hacken. Alles mit je 1 Prise Salz und Pfeffer unter die Butter rühren. Die Würzbutter auf ein Stück Alufolie geben, zu einer Rolle formen und ins Tiefkühlfach legen.

2 Backofen samt ofenfester Form auf 80° vorheizen. Das Filet in sechs Scheiben schneiden, leicht salzen und pfeffern. Das Tomatenöl in einer Pfanne erhitzen und die Medaillons darin von jeder Seite 2 Min. anbraten. Die Butter in sechs Scheiben schneiden. Die Medaillons in die Form setzen, jedes mit einer Butterscheibe belegen und 40 Min. im Ofen (Mitte) garen.

3 Die Medaillons auf zwei vorgewärmten Tellern anrichten und mit der Buttersauce beträufeln. Den Parmesan darüberhobeln. Dazu schmecken Bandnudeln oder Ciabatta zum Auftunken der Sauce und ein bunter Salat mit Balsamico-Dressing.

thailändisch scharf

Medaillons mit Erdnusssauce

300 g Schweinefilet | 2–3 EL helle Sojasauce
1 EL neutrales Pflanzenöl
20 g gepresste Tamarinde (aus dem Asienladen)
60 g geröstete, gesalzene Erdnüsse
200 g cremige Kokosmilch (Tetrapak)
1 TL rote Currypaste (aus dem Asienladen)
1 TL Zucker
2–3 Stiele Koriandergrün

Für 2 Personen | 🕐 20 Min. Zubereitung
40 Min. Garen | Kerntemperatur: 65°
Pro Portion ca. 450 kcal, 41 g EW, 23 g F, 18 g KH

1 Backofen samt ofenfester Form auf 80° vorheizen. Das Filet in sechs Scheiben schneiden und mit 1 EL Sojasauce einreiben. Das Öl in einer Pfanne erhitzen, die Medaillons von jeder Seite 1 Min. anbraten. In die Form setzen und im Ofen (Mitte) in 40 Min. fertig garen. Die Pfanne nicht auswaschen.

2 20 Min. vor Ende der Garzeit die Tamarinde in 100 ml lauwarmem Wasser einweichen. Die Erdnüsse im Mörser mittelfein zerstoßen. Die Kokosmilch in die Pfanne zum Bratensatz geben und erhitzen. Die Currypaste einrühren und 2 Min. kräftig kochen lassen. Den Tamarindensaft durch ein feines Sieb dazugießen (gut ausdrücken). Erdnüsse und Zucker unterrühren und 5 Min. bei schwacher Hitze einkochen. Mit der übrigen Sojasauce abschmecken.

3 Koriander waschen, die Blättchen grob hacken. Die Medaillons auf vorgewärmte Teller geben, mit Sauce überziehen und mit Koriander bestreuen. Dazu schmecken Duftreis und Gurkensalat.

oben: Medaillons in Thymianbutter | unten: Medaillons mit Erdnusssauce

raffiniert

Kalbsmedaillons auf Mohnnudeln

4 Kalbsfiletscheiben (je ca. 80 g)
Salz | Cayennepfeffer
2 EL Butterschmalz
2 junge Möhren
2 Frühlingszwiebeln
250 g frische Bandnudeln (aus dem Kühlregal)
Zucker
1 EL Mohnsamen

Für 2 Personen | ⏲ 25 Min. Zubereitung
30 Min. Garen | Kerntemperatur: 55°
Pro Portion ca. 715 kcal, 53 g EW, 17 g F, 90 g KH

1 Backofen samt ofenfester Form auf 80° vorheizen. Das Fleisch mit Salz und wenig Cayennepfeffer würzen. 1 EL Butterschmalz in einer Pfanne erhitzen, die Medaillons von jeder Seite 1 Min. anbraten. In die Form setzen und 30 Min. im Ofen (Mitte) garen.

2 Inzwischen die Möhren schälen und in Stifte schneiden. Die Frühlingszwiebeln putzen und waschen, weiße und grüne Teile getrennt in feine Ringe schneiden. In einem Topf Wasser aufkochen, salzen und die Nudeln darin nach Packungsangabe 2–4 Min. kochen. In ein Sieb abgießen und abtropfen lassen.

3 Das übrige Butterschmalz in einer Pfanne erhitzen. Möhren und weiße Frühlingszwiebeln darin mit je 1 Prise Salz und Zucker 2 Min. bei mittlerer Hitze braten. Den Mohn hinzufügen und 1 Min. mitbraten. Nudeln und Zwiebelgrün kurz untermischen und mit den Kalbsmedaillons auf vorgewärmten Tellern anrichten.

mediterran

Kalbskoteletts mit Tomaten-Risotto

1 Zweig frischer Rosmarin
4 getrocknete Tomaten (in Öl) + 4 EL Einlegeöl
2 Knoblauchzehen
2 Kalbskoteletts (je ca. 200 g) | Salz | Pfeffer
1 kleine Zwiebel
½ l Gemüsebrühe | 120 g Risottoreis
2 Tomaten
2 EL Butter | 2 EL frisch geriebener Parmesan

Für 2 Personen | ⏲ 40 Min. Zubereitung
45 Min. Garen | Kerntemperatur: 60°
Pro Portion ca. 790 kcal, 54 g EW, 39 g F, 56 g KH

1 Backofen samt ofenfester Form auf 80° vorheizen. Rosmarin waschen, Nadeln hacken. Mit 2 EL Tomatenöl verrühren. 1 Knoblauchzehe schälen und dazupressen. Die Koteletts salzen, pfeffern und mit Würzöl einreiben. Eine Grillpfanne erhitzen, Koteletts von jeder Seite 2 Min. anbraten. In die Form setzen und 45 Min. im Ofen (Mitte) garen.

2 30 Min. vor Ende der Garzeit Zwiebel und übrigen Knoblauch schälen und fein hacken. Getrocknete Tomaten fein würfeln. Brühe erhitzen. Übriges Tomatenöl in einem Topf erhitzen, alles 1 Min. anbraten. Reis dazugeben und 1 Min. unter Rühren mitbraten. Mit Brühe ablöschen und einkochen lassen. Immer wieder Brühe angießen und regelmäßig umrühren.

3 Tomaten waschen, entkernen und würfeln. Nach 20 Min. unter den Reis rühren und 2–3 Min. mitgaren. Butter und Parmesan unterrühren, mit Salz und Pfeffer abschmecken. Mit den Koteletts servieren.

Klassiker

Steaks mit gegrilltem Gemüse

Ob mit blutigem Kern, saftig rosé oder eher durch – mit Hilfe der Niedrigtemperatur-methode bekommen Sie jedes Steak perfekt hin!

Für die Steaks:
2 getrocknete Tomaten (in Öl)
2–3 Rucolablätter
60 g weiche Butter
½ TL Tomatenmark
1 Peperoncino
Salz | Pfeffer
1 EL Öl
2 Filetsteaks (je ca. 140 g)
Für das Gemüse:
250 g grüner Spargel
1 gelber Zucchino
2 kleine Rispen Kirschtomaten
1 TL Öl

Für 2 Personen | ⊚ 35 Min. Zubereitung
10 Min. Garen | Kerntemperatur: 50° (rare)
30 Min. Garen | Kerntemperatur: 55° (medium)
1 Std. Garen | Kerntemperatur: 65° (well done)
Pro Portion ca. 525 kcal, 35 g EW, 39 g F, 9 g KH

1 Getrocknete Tomaten abtropfen lassen und sehr fein hacken. Rucola waschen, trocken schütteln und fein schneiden. Butter und Tomatenmark verrühren, den Peperoncino dazubröseln. Gehackte Tomaten und Rucola unterrühren, mit Salz und Pfeffer ab-schmecken. In zwei Schälchen verteilen und bei-seitestellen.

2 Für das Gemüse den Spargel waschen, die En-den abschneiden (Bild 1), Stangen im unteren Drit-tel schälen und längs halbieren. Den Zucchino waschen, putzen und längs in 5 mm dicke Scheiben schneiden. Die Tomaten vorsichtig waschen (damit sie an den Rispen bleiben) und gut abtropfen lassen.

3 Den Backofen samt einer ofenfesten Form auf 80° vorheizen. Das Öl in einer Pfanne erhitzen. Die Steaks von beiden Seiten salzen und pfeffern und je nach Gargrad anbraten: Für ein »rare« gebrate-nes Steak 1 Min. pro Seite scharf anbraten. In die Form legen und 10 Min. im Ofen (Mitte) bei 80° garen (Bild 2). Für Filetsteaks »medium« pro Seite 2 Min. anbraten und 30 Min. im Ofen garen (Bild 3). Für durchgebratenes Steak (»well done«) pro Seite 2 Min. anbraten und in 1 Std. im Ofen fertig garen.

4 Inzwischen eine Grillpfanne erhitzen, die Stege einölen. Zucchinischeiben und Spargel von jeder Seite 3–4 Min. braten, die Tomaten daneben legen und 5–6 Min. braten (Bild 4). Vor dem Servieren salzen. (Gemüse vorsichtig wenden, dann bekommt es hübsche Grillstreifen.)

5 Die Steaks mit Gemüse und Tomatenbutter auf vorgewärmten Tellern servieren. Dazu schmecken knuspriges Baguette und Pils.

GUT ZU WISSEN

Vorher oder nachher salzen – daran schieden sich lange die Geister. Nach neuesten wissenschaftlichen Erkennt-nissen ist es völlig in Ordnung, das Fleisch kurz (!) vor dem Braten zu salzen. Nur wenn Sie es lange stehen las-sen, entzieht das Salz dem Fleisch wertvollen Saft (des-halb Marinaden niemals salzen!).

indisch inspiriert

Tandoori-Hähnchenbrust

2 Hähnchenbrustfilets (je ca. 150 g)
1 EL Tandoori-Paste (aus dem Glas; Asienladen)
1 TL Zitronensaft
200 g Vollmilchjoghurt
½ TL gemahlener Kreuzkümmel
Salz | Pfeffer
1 Stück Salatgurke (ca. 10 cm)
1 Tomate
3 TL Butterschmalz
1 TL schwarze Senfsamen (Asienladen)

Für 2 Personen | ⏱ 20 Min. Zubereitung
45 Min. Garen | Kerntemperatur: 70°
Pro Portion ca. 315 kcal, 38 g EW, 15 g F, 6 g KH

1 Das Fleisch kalt abwaschen und abtrocknen. Die Tandoori-Paste mit Zitronensaft und 1 EL Joghurt verrühren. Die Hähnchenbrustfilets darin wenden.

2 Den übrigen Joghurt mit Kreuzkümmel und je 1 Prise Salz und Pfeffer verrühren. Die Gurke schälen, entkernen und klein würfeln. Die Tomate waschen, halbieren, entkernen und klein würfeln. Beides unter den Joghurt mischen. 1 TL Butterschmalz in einem Pfännchen erhitzen, die Senfsamen darin rösten, bis sie knistern. Unter den Joghurt-Dip rühren und diesen kalt stellen.

3 Backofen samt ofenfester Form auf 80° vorheizen. Das übrige Butterschmalz in einer Pfanne erhitzen. Hähnchenfilets mit Küchenpapier abtupfen, leicht salzen und bei starker Hitze von jeder Seite 2 Min. anbraten. In die Form setzen und in 45 Min. im Ofen (Mitte) fertig garen. In Scheiben schneiden und mit dem Dip servieren.

thailändisch inspiriert

Tamarinden-Hähnchen

1 Stück frischer Ingwer (ca. 3 cm)
1 Knoblauchzehe
1 TL Sesamwürzöl | 2 EL Fischsauce
2 Hähnchenbrustfilets (je ca. 150 g)
3 EL Öl
25 g gepresste Tamarinde (aus dem Asienladen)
50 g Schalotten
2 EL Palmzucker (ersatzweise brauner Zucker)

Für 2 Personen | ⏱ 30 Min. Zubereitung
45 Min. Garen | Kerntemperatur: 70°
Pro Portion ca. 375 kcal, 35 g EW, 19 g F, 16 g KH

1 Ingwer und Knoblauch schälen und fein reiben. Mit Sesamöl und 1 EL Fischsauce verrühren. Das Hähnchenfleisch kalt abwaschen, trocken tupfen und mit der Würzmischung einreiben. Backofen samt ofenfester Form auf 80° vorheizen. 1 EL Öl in einer Pfanne erhitzen. Die Hähnchenfilets darin von jeder Seite 2 Min. anbraten. In die Form setzen und in 45 Min. im Ofen (Mitte) fertig garen.

2 15 Min. vor Ende der Garzeit die Tamarinde in 100 ml Wasser einweichen. Schalotten schälen und in feine Streifen schneiden. Das übrige Öl in einer Pfanne erhitzen, die Schalotten in 2–3 Min. goldbraun braten, herausnehmen und auf Küchenpapier entfetten. Tamarindensaft durch ein feines Sieb in die Pfanne gießen. Zucker und übrige Fischsauce dazugeben und unter Rühren bei mittlerer Hitze in 2–3 Min. einkochen lassen.

3 Die Hähnchenfilets in Scheiben schneiden und auf vorgewärmten Tellern anrichten. Mit der Sauce überziehen und mit den Schalotten bestreuen.

oben: Tandoori-Hähnchenbrust | unten: Tamarinden-Hähnchen

mit fruchtiger Süße

Entenbrust mit Cranberry-Portwein-Sauce

1 große Entenbrust (ca. 350 g)
Salz | Cayennepfeffer
30 g Butter | 50 g getrocknete Cranberrys
100 ml roter Portwein | 1 Bio-Orange

Für 2 Personen | ⏲ 30 Min. Zubereitung
45 Min. Garen | Kerntemperatur: 65°
Pro Portion ca. 580 kcal, 32 g EW, 30 g F, 28 g KH

1 Backofen samt ofenfester Form auf 80° vorheizen. Entenbrust kalt abwaschen und trocken tupfen. Die Haut rautenförmig einschneiden. Auf beiden Seiten mit Salz und Cayennepfeffer würzen. Mit der Hautseite in die kalte Pfanne legen und 3–4 Min. bei mittlerer Hitze braten, bis die Haut kross ist. Wenden und 2 Min. anbraten. In die Form setzen und 45 Min. im Ofen (Mitte) garen. Entenfett abgießen, die Pfanne nicht auswaschen.

2 Die Butter klein würfeln und ins Tiefkühlfach geben. Cranberrys und Portwein in einem Topf aufkochen und bei schwacher Hitze zugedeckt 10 Min. ziehen lassen. Die Orange heiß abwaschen und abtrocknen, die Schale von einer Hälfte mit dem Zestenreißer abziehen, beide Hälften auspressen.

3 10 Min. vor Ende der Garzeit die Pfanne erhitzen, Orangensaft hineingeben und 2 Min. einkochen lassen. Cranberrys samt Portwein, Bratensaft aus der Form und Orangenschale hinzufügen. Aufkochen, vom Herd nehmen und die kalte Butter unterrühren, mit Salz und Cayennepfeffer abschmecken. Die Entenbrust in Scheiben schneiden und mit Sauce auf vorgewärmten Tellern servieren.

Herbstglück

Hirschmedaillons mit Pilzen

4 Hirschmedaillons (je ca. 70 g)
Salz | Pfeffer
1 EL Butterschmalz
500 g gemischte Waldpilze
2 EL Sherryessig
2 EL Kürbiskernöl

Für 2 Personen | ⏲ 25 Min. Zubereitung
45 Min. Garen | Kerntemperatur: 60°
Pro Portion ca. 335 kcal, 36 g EW, 21 g F, 2 g KH

1 Backofen samt ofenfester Form auf 80° vorheizen. Das Fleisch kalt abwaschen, trocken tupfen und mit Salz und Pfeffer würzen. ½ EL Butterschmalz in einer Pfanne erhitzen, die Medaillons darin von jeder Seite 1 Min. anbraten. In die Form setzen und 45 Min. im Ofen (Mitte) garen. Pfanne nicht auswaschen.

2 Inzwischen die Pilze putzen und trocken abreiben. Je nach Größe halbieren oder vierteln.

3 10 Min. vor Ende der Garzeit die Pfanne mit dem übrigen Butterschmalz erhitzen. Die Pilze bei starker Hitze 5 Min. unter Rühren braten. Essig unterrühren, Pilze salzen und pfeffern. Die Medaillons mit den Pilzen auf vorgewärmten Tellern anrichten, das Kürbiskernöl darüberträufeln.

TIPP – PILZE PUTZEN
Säubern Sie die Pilze mit einem Pinsel oder reiben sie mit Küchenpapier trocken ab. Sehr schmutzige Pilze schnell (!) in kaltem Wasser mit 1 EL Mehl waschen und auf Küchenpapier gut abtropfen lassen.

Klassiker auf neue Art

Kaninchenkeulen in Estragon-Senf-Sauce

Die Kaninchenkeulen auszulösen erfordert nur ein scharfes Messer und etwas Fingerfertigkeit – das schaffen Sie!

2 Kaninchenkeulen (je ca. 300 g)
Salz | Pfeffer
3 TL Dijon-Senf
1 Bund Estragon
3 EL Öl
1 Möhre
1 Petersilienwurzel
2 Schalotten
1 Knoblauchzehe
1 TL Tomatenmark
400 ml Gemüsebrühe
100 g Sahne
Zucker
Küchengarn

Für 2 Personen | ◷ 45 Min. Zubereitung
1 Std. Garen | Kerntemperatur: 65°
Pro Portion ca. 705 kcal, 54 g EW, 51 g F, 8 g KH

1 Die Kaninchenkeulen kalt abwaschen und abtrocknen. Zum Entbeinen mit einem scharfen Messer an der Innenseite, am Unterschenkel beginnend, nahe am Knochen einschneiden und den Knochen rundherum freilegen (Bild 1). Den Oberschenkel ebenso einschneiden, das Fleisch rundherum vom Knochen lösen. Knochen herausnehmen (für die Sauce beiseitelegen).

2 Das Fleisch rundherum salzen und pfeffern und innen mit je ½ TL Senf bestreichen. Den Estragon waschen und trocken schütteln, je 1 kleinen Zweig innen auf den Oberschenkel legen. Das Unter-

schenkelfleisch darüberklappen, aus dem Ganzen Päckchen formen (Bild 2) und mit Küchengarn binden. (Den übrigen Estragon in feuchtes Küchenpapier wickeln und ins Gemüsefach legen – er wird sehr schnell welk!)

3 Den Backofen samt einer ofenfesten Form auf 80° vorheizen. In einer Schmorpfanne 1 EL Öl erhitzen und die Kaninchenkeulen darin von allen Seiten 4–5 Min. anbraten. In die Form setzen und im Ofen (Mitte) 50 Min. garen.

4 Inzwischen für die Sauce die Knochen im Gelenk durchschneiden. Möhre und Petersilienwurzel schälen und klein schneiden. Schalotten und Knoblauch schälen und hacken. Das übrige Öl in die Pfanne zum Bratensatz geben. Knochen und vorbereitetes Gemüse mit dem Tomatenmark 5–6 Min. kräftig anbraten. Mit der Brühe ablöschen und 30 Min. bei mittlerer Hitze kochen lassen. Durch ein feines Sieb in einen Topf gießen. Sahne und übrigen Senf dazugeben und 5 Min. einkochen lassen. Mit Salz, Pfeffer und 1 Prise Zucker abschmecken.

5 Die Kaninchenkeulen aus dem Ofen nehmen und das Küchengarn entfernen. Keulen wieder in die Form geben, die Sauce darübergießen und alles 10 Min. in den Ofen geben. Vom übrigen Estragon die Blätter abzupfen. Grob hacken und vor dem Servieren unter die Sauce ziehen.

UND DAZU?
Salzkartoffeln oder grüne Bandnudeln und ein fruchtiger Weißwein.

Zarte Braten für vier

Rundherum anbraten und dann ab ins Rohr, den Rest erledigt Ihr
Backofen! Ob mit provenzalischen Kräutern gefüllte Schweinelende,
Hirschrückenfilet mit würziger Knusperkruste oder – superleicht und
gelingsicher – Kalbsfilet mit sahniger Sauce und Grappa-Trauben.
Gäste raffiniert zu bewirten kann so einfach sein ...

Kalbsfilet
mit Grappa-Trauben

600 g Kalbsfilet (am Stück)
Salz | Pfeffer
1 EL Butterschmalz (oder Öl)
150 g kernlose Trauben
4 EL Grappa
100 ml Kalbsfond
200 g Sahne

Für 4 Personen | ⏱ 30 Min. Zubereitung
1 Std. 30 Min. Garen | Kerntemperatur: 60°
Pro Portion ca. 385 kcal, 53 g EW, 20 g F, 8 g KH

1 Backofen samt ofenfester Form auf 80° vorheizen. Das Filet trocken tupfen, salzen und pfeffern. In einer Pfanne das Butterschmalz erhitzen und das Filet rundherum 5–6 Min. anbraten. In die Form setzen und 1 Std. 30 Min. im Backofen (Mitte) garen. Die Pfanne nicht auswaschen.

2 Die Trauben waschen, halbieren und mit dem Grappa beträufeln. Zugedeckt durchziehen lassen.

3 Etwa 15 Min. vor Ende der Garzeit für die Sauce die Pfanne mit dem Bratensatz wieder erhitzen. Den Fond und die Sahne angießen und in ca. 10 Min. cremig einkochen lassen. Die Grappa-Trauben und den Bratensaft aus der Form untermischen, mit Salz und Pfeffer abschmecken. Das Filet in Scheiben schneiden und mit der Sauce auf vorgewärmten Tellern anrichten.

UND DAZU?
Bandnudeln und ein fruchtiger Weißwein.

nimm zwei

Gefüllte Schweinefilets

Diese mediterran gefüllten Filets machen richtig was her – damit werden Sie auch verwöhnten Gästen bewundernde Aaahs und Ooohs entlocken!

Für die Paprika-Walnuss-Füllung:

1 gelbe Paprikaschote

6 Walnusshälften

2 Zweige frischer Thymian

Für die Tomaten-Pinienkern-Füllung:

8 getrocknete Tomaten (in Öl)

2 EL Pinienkerne

1 Zweig frischer Rosmarin

Außerdem:

2 Schweinefiletstücke aus der Mitte (je ca. 300 g)

Salz | Pfeffer

2 EL Öl | 100 ml Gemüsebrühe

200 g Tomatenpüree (Tetrapak)

2 Zweige Basilikum

Zucker | 30 g kalte Butter

Für 4 Personen | ⏱ 1 Std. Zubereitung
1 Std. 45 Min. Garen | Kerntemperatur: 65°
Pro Portion ca. 390 kcal, 37 g EW, 21 g F, 12 g KH

1 Den Backofengrill auf 250° vorheizen. Die Paprikaschote waschen und auf dem Blech grillen, bis die Haut Blasen bekommt. Inzwischen die Schweinefiletstücke von Fett und Häutchen befreien. Zum Füllen von beiden kurzen Seiten mittig quer mit einem spitzen Messer bis zur Mitte einstechen. Die Öffnung mit einem Kochlöffelstiel erweitern (Bild 1).

2 Für die Tomaten-Pinienkern-Füllung die getrockneten Tomaten abtropfen lassen und fein würfeln. Die Pinienkerne grob hacken. Rosmarin waschen und trocken schütteln, die Nadeln abstreifen und

fein hacken. Alles vermengen und ein Filet damit füllen (geht am besten mit den Fingern, evtl. mit dem Kochlöffelstiel nach innen drücken).

3 Für die Paprika-Walnuss-Füllung die Walnüsse hacken. Thymian waschen und trocken schütteln, Blättchen abstreifen und hacken. Paprikaschote herausnehmen (Backofen bei geöffneter Tür auf 80° abkühlen lassen, flache Form aufs Gitter stellen), etwas abkühlen lassen, häuten und entkernen. Das Fruchtfleisch fein würfeln und mit Nüssen und Thymian vermengen. Das andere Filet damit füllen. Beide rundherum salzen und pfeffern.

4 Das Öl in einer Pfanne erhitzen, die Filets darin rundherum, auch an den Enden, 6–7 Min. anbraten (Bild 2). In die Form setzen und in 1 Std. 45 Min. im Ofen (Mitte) garen. Die Pfanne nicht auswaschen.

5 10 Min. vor Ende der Garzeit die Pfanne wieder erhitzen, die Brühe angießen und den Bratensatz in 2 Min. unter Rühren loskochen. Das Tomatenpüree dazugeben und 5 Min. einkochen lassen. Basilikum waschen, trocknen, die Blättchen abzupfen. Die Filets aus dem Ofen nehmen, den Fleischsaft aus der Form zur Sauce geben. Mit Salz, Pfeffer und 1 Prise Zucker abschmecken. Butter unterziehen. Die Filets einmal in der Mitte durchscheiden und die Stücke dann jeweils diagonal halbieren, damit die Füllung zu sehen ist. Die Sauce auf vier vorgewärmten Tellern zu einem Spiegel ausstreichen und je zwei Stücke darauf anrichten (Bild 3). Basilikum darüberstreuen.

1

2

3

deftig

Schweinenacken mit Kümmelkartoffeln

600 g festkochende Kartoffeln
800 g Schweinenacken (ohne Schwarte)
Salz | Pfeffer
2 Knoblauchzehen
1 EL Kümmelsamen
1 getrocknetes Lorbeerblatt
2 EL Schweineschmalz (oder Öl)
1 Zwiebel

Für 4 Personen | ⏲ 45 Min. Zubereitung
3 Std. Garen | Kerntemperatur: 65°
Pro Portion ca. 535 kcal, 37 g EW, 33 g F, 23 g KH

1 Die Kartoffeln in ca. 25 Min. zu Pellkartoffeln kochen und vollständig auskühlen lassen.

2 Backofen samt ofenfester Form auf 80° vorheizen. Das Fleisch abwaschen, trocken tupfen, salzen und pfeffern. Den Knoblauch schälen und durchpressen, mit ½ EL Kümmel und dem Lorbeerblatt im Mörser sehr fein zerstoßen. Das Fleisch damit einreiben. 1 EL Schmalz in einer Pfanne erhitzen, das Fleisch rundherum 7–8 Min. bei mittlerer Hitze anbraten. In die Form setzen und 3 Std. im Ofen (Mitte) garen.

3 30 Min. vor Ende der Garzeit die Kartoffeln pellen und in Scheiben schneiden. Die Zwiebel schälen, längs halbieren und in Spalten schneiden. Das übrige Schmalz in einer großen Pfanne erhitzen, Kartoffeln, Zwiebeln und übrigen Kümmel darin bei mittlerer Hitze in ca. 15 Min. zu Bratkartoffeln braten. Nicht zu oft wenden. Kartoffeln salzen und zum in Scheiben geschnittenen Braten servieren.

kräuterwürzig

Provenzalische Schweineroulade

800 g Schweinelende
1–2 Bund gemischte Kräuter der Provence
4 Knoblauchzehen
Salz | Pfeffer | 6 frische Lorbeerblätter
4 EL Olivenöl
2 junge Knoblauchknollen
100 ml Weißwein (oder Gemüsebrühe)
100 ml Gemüsebrühe | Küchengarn

Für 4 Personen | ⏲ 45 Min. Zubereitung
2 Std. 30 Min. Garen | Kerntemperatur: 65°
Pro Portion ca. 325 kcal, 45 g EW, 14 g F, 1 g KH

1 Backofen samt ofenfester Form auf 80° vorheizen. Fleisch von Häutchen und Sehnen befreien. Längs so einschneiden, dass man es aufklappen kann. Die Kräuter waschen und trocken schütteln, die Blätter fein hacken. Knoblauch schälen und durchpressen. Fleisch salzen, pfeffern und innen und außen mit der Kräutermischung einreiben. Fleisch aufrollen und mit Küchengarn binden. Lorbeer waschen und unter das Garn stecken.

2 Das Fleisch in 2 EL Öl in 6–7 Min. rundherum anbraten. In die Form setzen und 2 Std. 30 Min. im Ofen (Mitte) garen. Die Pfanne nicht auswaschen. 20 Min. vor Ende der Garzeit das übrige Öl mit dem Bratensatz in der Pfanne erhitzen. Knoblauchknollen quer halbieren und die Schnittflächen ca. 3 Min. anbraten. Zur Roulade legen und mitgaren. Wein, Brühe und Fleischsaft aus der Form in die Pfanne geben und 10 Min. einkochen lassen. Roulade in Scheiben schneiden, mit je 1 Knoblauch und Sauce auf vorgewärmten Tellern servieren.

oben: Provenzalische Schweineroulade | unten: Schweinenacken mit Kümmelkartoffeln

klassischer Sonntagsbraten

Kalbsbraten mit Kapernsauce

800 g Kalbsbraten (Lende)
Salz | Pfeffer | 2 EL Olivenöl
4 junge Bundmöhren | 2 junge Kohlrabi
1 Bund Petersilie
100 ml trockener Weißwein (oder Fond
+ 1 EL Zitronensaft)
200 ml Gemüsefond (aus dem Glas)
1 EL heller Saucenbinder
3 EL Kapern (aus dem Glas)
1–2 TL Zitronensaft

Für 4 Personen | ⊚ 30 Min. Zubereitung
2 Std. Garen | Kerntemperatur: 60°
Pro Portion ca. 360 kcal, 39 g EW, 18 g F, 7 g KH

1 Backofen samt ofenfester Form auf 80° vorheizen. Das Fleisch salzen und pfeffern. Das Öl in einer Pfanne erhitzen, den Braten darin rundherum 7–8 Min. anbraten. In die Form setzen und 2 Std. im Ofen (Mitte) garen. Die Pfanne nicht auswaschen.

2 20 Min. vor Ende der Garzeit Gemüse schälen, in dicke Stifte schneiden und in kochendem Salzwasser 3–4 Min. blanchieren. In Eiswasser abschrecken, abtropfen lassen. Petersilie waschen und trocken schütteln, die Blätter fein schneiden.

3 Die Pfanne mit dem Bratensatz erhitzen, diesen mit Weißwein und Fond ablöschen. 5 Min. bei starker Hitze einkochen. Saucenbinder einrühren und einige Min. einkochen. Gemüse, Kapern und Petersilie unterrühren, mit Salz, Pfeffer und Zitronensaft abschmecken. Den Braten in Scheiben schneiden und mit der Sauce anrichten.

französischer Klassiker

Rinderfilet mit Rotwein-Kirsch-Sauce

600 g Rinderfilet (aus der Mitte)
Salz | Pfeffer
2 EL Öl
40 g Butter
500 g säuerliche Kirschen
½ Bio-Orange
200 ml trockener Rotwein
2 EL Puderzucker | 1 Sternanis
1 EL Sherryessig

Für 4 Personen | ⊚ 35 Min. Zubereitung
1 Std. 30 Min. Garen | Kerntemperatur: 55°
Pro Portion ca. 415 kcal, 33 g EW, 20 g F, 16 g KH

1 Backofen samt ofenfester Form auf 80° vorheizen. Das Fleisch salzen und pfeffern. Das Öl in einer Pfanne erhitzen, das Filet rundherum in 5–6 Min. anbraten. In die Form geben und 1 Std. 30 Min. im Ofen (Mitte) garen. Die Pfanne nicht auswaschen. Die Butter würfeln und ins Tiefkühlfach geben.

2 Die Kirschen waschen und entsteinen. Die Orangenhälfte heiß abwaschen, die Schale dünn abschälen. Kirschen und Orangenschale mit Rotwein, Puderzucker und Sternanis in einem Topf aufkochen und 10 Min. bei schwacher Hitze ziehen lassen.

3 Wenn das Filet fertig ist, die Pfanne mit dem Bratensatz erhitzen. Saft aus der Form und Essig hinzufügen und aufkochen lassen. Die Kirschen samt Rotwein (Anis und Orangenschale entfernen) hinzufügen. Butter unterziehen, mit Salz und Pfeffer abschmecken. Das Filet in Scheiben schneiden und mit der Sauce auf vorgewärmten Tellern anrichten.

Schweiz trifft China

Chateaubriand mit Café-de-Paris-Butter

Fünf-Gewürz-Pulver ist eine chinesische Würzmischung aus Koriander, Zimt, Nelken, Fenchelsamen und Pfeffer – passt ausgezeichnet zum Schweizer Klassiker.

800 g Chateaubriand (Rinderfiletkopf)
Salz
2 TL Fünf-Gewürz-Pulver (aus dem Asienladen)
1 EL Butterschmalz
Küchengarn
Für die Würzbutter:
2 Schalotten | 120 g sehr weiche Butter
4 EL Weißwein
2 Sardellen (in Öl)
2 Stiele Estragon
½ TL Dijon-Senf
je 1 Prise Curry- und edelsüßes Paprikapulver
je 1 Prise getrockneter Thymian und Oregano
1 EL Cognac
Für die Gemüsebeilage:
200 g Zuckerschoten | Salz
1 Bund junge Möhren | 2 EL Butter
Zucker | Pfeffer
Eiswürfel

Für 4 Personen | ⊕ 1 Std. Zubereitung
2 Std. Garen | Kerntemperatur: 55°
Pro Portion ca. 585 kcal, 46 g EW, 40 g F, 6 g KH

1 Backofen samt ofenfester Form auf 80° vorheizen. Das Fleisch salzen, mit dem Fünf-Gewürz-Pulver einreiben und mit Küchengarn binden (Bild 1). Das Butterschmalz in einer Pfanne erhitzen, das Filet darin rundherum in 5–6 Min. anbraten. In die Form geben und 2 Std. im Ofen (Mitte) garen.

2 Für die Würzbutter die Schalotten schälen und sehr fein hacken. 1 TL Butter in einem Pfännchen schmelzen, die Schalotten 2 Min. bei schwacher Hitze glasig dünsten. Mit Wein ablöschen und einkochen lassen, bis die Flüssigkeit vollständig verdampft ist. Die Sardellen abtropfen lassen und sehr fein würfeln. Estragon waschen und trocken schütteln, die Blätter abstreifen und fein hacken. Die übrige Butter mit dem Senf schaumig aufschlagen. Gewürze und Cognac unterschlagen, Schalotten, Sardellen und Estragon unterziehen (Bild 2). Zugedeckt bei Zimmertemperatur stehen lassen.

3 30 Min. vor Ende der Garzeit die Zuckerschoten waschen und putzen. In einem Topf Wasser aufkochen, salzen und die Zuckerschoten 4–5 Min. blanchieren. In Eiswasser abschrecken, in ein Sieb abgießen und gut abtropfen lassen.

4 Die Möhren gründlich waschen und abbürsten oder schälen. Das Grün bis auf 2–3 cm lange Büschel kürzen. Die Butter in einer Pfanne schmelzen, die Möhren mit 1 TL Zucker und ½ TL Salz bei schwacher Hitze ca. 10 Min. zugedeckt dünsten, dabei gelegentlich rütteln. Zuckerschoten dazugeben und in ca. 3 Min. wieder erwärmen. Mit Salz und Pfeffer abschmecken.

5 Küchengarn entfernen. Das Filet in Scheiben schneiden, mit Gemüse und Würzbutter auf vorgewärmten Tellern servieren. Dazu passen Bandnudeln und trockener Rotwein.

orientalisch inspiriert

Lammkarree mit Zucchini-Minz-Püree

je 1 TL Kreuzkümmel- und Koriandersamen
Salz | Pfeffer
2 Lammkarrees (je ca. 400 g, beim Metzger vor-
bestellen und Knochen freischaben lassen)
4 EL Olivenöl
600 g Zucchini
1 Zwiebel | 1 Knoblauchzehe
1 Bund Minze | 2 EL Crème fraîche
1–2 TL Zitronensaft

Für 4 Personen | ⏲ 35 Min. Zubereitung
1 Std. 30 Min. Garen | Kerntemperatur: 55°
Pro Portion ca. 565 kcal, 35 g EW, 45 g F, 4 g KH

1 Backofen samt ofenfester Form auf 80° vorheizen. Gewürze und je ½ TL Salz und Pfeffer im Mörser zerstoßen, das Fleisch damit einreiben. 2 EL Öl
in einer Pfanne erhitzen, die Lammkarrees darin
rundherum 5–6 Min. anbraten. In die Form setzen
und 1 Std. 30 Min. im Ofen (Mitte) garen.

2 Inzwischen Zucchini waschen, putzen und grob
raspeln. Zwiebel und Knoblauch schälen und fein
hacken. Übriges Öl in einem Topf erhitzen, Zwiebel
und Knoblauch glasig anbraten. Zucchini dazugeben und 2–3 Min. mitbraten. Salzen und pfeffern
und 10 Min. bei schwacher Hitze offen garen.

3 Minze waschen, trocknen, Blätter abzupfen und
fein schneiden. Minze und Crème fraîche unter die
Zucchini rühren. Mit dem Kartoffelstampfer zerdrücken und mit Salz, Pfeffer und Zitronensaft abschmecken. Lammkarrees portionieren und mit
Püree auf vorgewärmten Tellern anrichten.

mediterraner Genuss

Lammrückenfilet mit Parmesan-Auberginen

1 große Aubergine | Salz
2 große Lammrückenfilets (je ca. 250 g)
Pfeffer
2 Zweige Rosmarin
2 EL Olivenöl | 2 Knoblauchzehen
2 EL Kürbiskerne
je 5 EL geriebener Parmesan und Semmelbrösel
1 Ei
Öl zum Ausbacken der Aubergine

Für 4 Personen | ⏲ 40 Min. Zubereitung
30 Min. Garen | Kerntemperatur: 55°
Pro Portion ca. 300 kcal, 34 g EW, 17 g F, 4 g KH

1 Die Aubergine waschen und in ½ cm dicke
Scheiben schneiden. Diese salzen, aufeinander-
schichten und in einem Sieb Wasser ziehen lassen.

2 Den Backofen samt einer ofenfesten Form auf
80° vorheizen. Fleisch salzen und pfeffern. Rosmarin abwaschen und abtropfen lassen. Öl in einer
Pfanne erhitzen. Knoblauch ungeschält zerdrücken
und ins Öl geben. Filets rundherum 4–5 Min. anbraten. Rosmarin in die Form geben, Filets darauf-
legen und in 30 Min. im Ofen (Mitte) garen.

3 Kürbiskerne grob hacken, mit Parmesan und
Semmelbröseln auf einem Teller mischen. Das Ei
mit 1 TL Wasser in einem tiefen Teller verschlagen.
Auberginen ausdrücken, mit Küchenpapier trocken
tupfen. Erst im Ei, dann in der Parmesanmischung
wenden. In einer Pfanne in heißem Öl ausbacken,
auf Küchenpapier abtropfen lassen. Filets in Scheiben schneiden und mit den Auberginen servieren.

für Gäste

Hirschrücken mit Kräuter-Senf-Kruste

Mageres Wildfleisch, zartrosa gebraten und mit nussiger Kräuterfarce überkrustet – ein herbstlicher Festtagsschmaus für Feinschmecker.

800 g Hirschkalbsrücken
Salz | Pfeffer
1 TL Dijon-Senf
2 EL Öl
50 g Haselnüsse
je 1 Bund Petersilie und Thymian
1 kleine Knoblauchzehe
1 Eiweiß
2 EL Semmelbrösel
2 EL süßer körniger Senf
250 g Wildfond (aus dem Glas)
2 EL Crème fraîche
2 EL Preiselbeeren (aus dem Glas)

Für 4 Personen | ⏲ 45 Min. Zubereitung
2 Std. Garen | Kerntemperatur: 60°
Pro Portion ca. 410 kcal, 46 g EW, 18 g F, 9 g KH

1 Den Backofen samt einer ofenfesten Form auf 80° vorheizen. Das Fleisch salzen, pfeffern und dünn mit Dijon-Senf einreiben. Das Öl in einer Pfanne erhitzen, das Filet rundherum, auch an den Enden, 5–6 Min. anbraten. In die Form setzen und 2 Std. im Ofen (Mitte) garen. Die Pfanne nicht auswaschen.

2 Die Haselnüsse in einer anderen Pfanne rösten, bis sie duften. Abkühlen lassen, die Häutchen abreiben und die Nüsse grob hacken. Die Kräuter waschen und trocken schütteln, die Blätter abzupfen und fein schneiden. Den Knoblauch schälen und fein hacken. Das Eiweiß zu Schnee schlagen.

Nüsse, Semmelbrösel, Kräuter, Knoblauch und süßen Senf unter den Eischnee rühren, mit Salz und Pfeffer abschmecken.

3 Die Pfanne wieder erhitzen, Bratensatz mit dem Wildfond ablöschen und auf die Hälfte einkochen lassen. Die Crème fraîche unterrühren und cremig einkochen. Die Preiselbeeren unterziehen und die Sauce warm stellen.

4 Das Hirschfilet aus dem Ofen nehmen. Die Temperatur auf 220° erhöhen. Die Oberfläche mit Küchenpapier trocken tupfen, die Kräuter-Senf-Masse darauf verteilen und gut andrücken (am besten mit den Händen). Den Backofengrill zuschalten und das Filet im Ofen (oben) 5–6 Min. übergrillen.

5 Das Hirschfilet in Scheiben schneiden und vorsichtig (damit die Kruste nicht abfällt) auf vorgewärmten Tellern anrichten. Die Sauce dazugeben oder extra reichen.

UND DAZU?
Perfekt passen Spätzle oder Bandnudeln und ein kräftiger Rotwein.

TAUSCH-TIPPS
Die Kräuter-Senf-Kruste schmeckt auch ausgezeichnet zu Lammrückenfilet oder Roastbeef. Ebenfalls fein: Ersetzen Sie die Haselnüsse durch Mandelstifte, den süßen Senf durch 1 EL Dijon-Senf, den Thymian durch frische Minze und fügen noch die Zesten der Schale von 1 Bio-Orange hinzu.

Klassiker auf neue Art

Orangenente mit Kumquats und Kürbispüree

Für alle, die es exotisch scharf und fruchtig lieben, könnte diese Ente das Highlight des nächsten Weihnachtsmenüs werden.

1 küchenfertige Ente (ca. 2,5 kg)
Salz | Cayennepfeffer
3 Bio-Orangen
7 Schalotten | 1 rote Chilischote
4 Zweige Thymian
1 Hokkaido-Kürbis (ca. 800 g)
6 grüne Kardamomkapseln
2 EL Butterschmalz
2 EL Butter | frisch geriebene Muskatnuss
100 g Kumquats
250 ml Entenfond (aus dem Glas)
2 EL Orangenmarmelade
Holzspießchen

Für 4 Personen | ⓘ 1 Std. Zubereitung
5 Std. Garen | Kerntemperatur: 70°
Pro Portion ca. 1120 kcal, 140 g EW, 70 g F, 27 g KH

1 Den Backofen auf 220° vorheizen. Die Ente innen und außen waschen und trocken tupfen, mit Salz und Cayennepfeffer würzen. 2 Orangen heiß abwaschen, abtrocknen, mit der Schale klein schneiden. 5 Schalotten schälen und vierteln. Die Chilischote waschen, längs aufschneiden, entkernen und in Stücke schneiden. Thymian waschen. Alles in die Bauchhöhle füllen und diese mit Holzspießchen zustecken. Die Haut mehrfach einstechen.

2 Ente mit der Brust nach unten in die Fettpfanne setzen und im Ofen (unten) 30 Min. braten. Wenden und auf der anderen Seite 30 Min. braten. Hitze auf 80° reduzieren und die Ente in 5 Std. fertig garen.

3 30 Min. vor Ende der Garzeit den Kürbis waschen, halbieren und die Kerne und Fasern herauskratzen. Fruchtfleisch samt Schale würfeln. 2 Schalotten schälen und fein würfeln. 1 Orange heiß abwaschen und abtrocknen, die Schale fein abreiben, den Saft auspressen. Kardamom im Mörser grob zerstoßen.

4 1 EL Butterschmalz in einem Topf erhitzen. Schalotten und Kardamom 1 Min. anbraten. Kürbis dazugeben und 1 Min. mitbraten. Orangensaft und -schale hinzufügen, mit Salz und Cayennepfeffer würzen. Zugedeckt bei schwacher Hitze in ca. 20 Min. weich dünsten. Mit dem Pürierstab pürieren, die Butter untermixen und mit Muskat, Salz und Cayennepfeffer abschmecken. Während der Kürbis dünstet, die Kumquats heiß abwaschen und in Scheiben schneiden. 1 EL Butterschmalz in einer Pfanne erhitzen, Kumquats 2 Min. bei mittlerer Hitze braten, herausnehmen und warm stellen. Den Entenfond in die Pfanne gießen und bei starker Hitze auf die Hälfte einkochen lassen.

5 Die Ente herausnehmen, Temperatur auf 220° erhöhen. Die Ente tranchieren, Füllung und Saft aus der Fettpfanne durch ein feines Sieb zum Fond gießen. Die Kumquats hinzufügen. Die Entenstücke mit der Hautseite nach oben wieder in die Fettpfanne geben. Die Orangenmarmelade mit 1 TL heißem Wasser verrühren und die Haut damit bestreichen. Den Grill zuschalten und die Entenstücke im Ofen (oben) 3–4 Min. goldbraun übergrillen. Mit Sauce und Kürbispüree auf vorgewärmten Tellern servieren.

Große Braten für acht

Keine Angst vor großen Braten! Mit der 80-Grad-Methode gelingen sie spielend. Der Kalbsbraten ist ein echter Augen- und Gaumenschmaus. Auch bei karibischem Schweinebraten oder orientalisch gewürztem Roastbeef ist Ihnen der Beifall Ihrer Gäste sicher. Im Rahmen eines Drei-Gänge-Menüs reichen die Mengen für acht, als Einzelgericht mit Beilagen für sechs Personen.

Fächerbraten mit Schinken und Salbei

1,2 kg Kalbsbraten (Nuss oder Schulter)
15 frische Salbeiblätter
5 Scheiben Parmaschinken (ca. 80 g)
Salz | Pfeffer
2 EL Olivenöl
20 g Butter | 1 EL Mehl
4 Schalotten | 100 ml Sherry medium
800 ml Kalbsfond (aus dem Glas)
Küchengarn

Für 8 Personen | ⏱ 55 Min. Zubereitung
3 Std. Garen | Kerntemperatur: 60°
Pro Portion ca. 330 kcal, 105 g EW, 18 g F, 2 g KH

1 Den Braten trocken tupfen und längs im Abstand von 1,5–2 cm fünf tiefe Taschen so einschneiden, dass das Fleisch unten noch gut zusammenhält. In jede Tasche 3 Salbeiblätter und 1 längs gefaltete Schinkenscheibe füllen. Mit Küchengarn binden, rundherum salzen und pfeffern.

2 Den Backofen samt einer ofenfesten Form auf 80° vorheizen. Das Öl in einer großen Pfanne erhitzen, den Braten von allen Seiten in 7–8 Min. anbraten. In die Form setzen und 3 Std. im Ofen (Mitte) garen. Die Pfanne nicht auswaschen.

3 30 Min. vor Ende der Garzeit Butter und Mehl verkneten und in den Kühlschrank legen. Die Schalotten schälen und fein hacken. Pfanne wieder erhitzen, Schalotten 2 Min. anbraten. Mit Sherry ablöschen und 3 Min. einkochen lassen. Den Fond angießen und auf die Hälfte einkochen. Durch ein feines Sieb in einen Topf gießen, aufkochen und die Mehlbutter in Flöckchen mit dem Schneebesen einrühren, bis die Sauce bindet. Braten in Scheiben schneiden und mit Sauce auf vorgewärmten Tellern anrichten.

würzig-scharf

Karibischer Schweinebraten mit Süßkartoffel-Frittern

Die Gewürzmischung für den Braten gibt es auch fertig als Jerk-Gewürz zu kaufen. Aber frisch gemacht schmeckt's natürlich nochmal so gut!

Für den Schweinebraten:

2–3 kleine rote Chilischoten

1 Stück frischer Ingwer (ca. 2 cm)

je 1 TL Pimentkörner, getrockneter Thymian, Zimt-pulver und frisch gemahlener schwarzer Pfeffer

¼ TL frisch geriebene Muskatnuss

1 TL brauner Zucker

3 EL Weißweinessig | 4 EL Öl

1,5 kg Schweinebraten (Schulter, ohne Schwarte)

Salz

Für die Süßkartoffel-Fritter:

500 g Süßkartoffeln

1 Bund Frühlingszwiebeln

1 Bund Koriandergrün

1 Stück frischer Ingwer (ca. 4 cm)

2 Knoblauchzehen

1 große rote Chilischote | Salz

1 TL gemahlener Kreuzkümmel

1 Ei

4 EL Kichererbsenmehl (aus dem Asienladen)

Öl zum Ausbacken

Für 8 Personen | ⊙ 1 Std. Zubereitung | 1 Std. Marinieren | 4 Std. Garen | Kerntemperatur: 65°
Pro Portion ca. 340 kcal, 45 g EW, 10 g F, 18 g KH

1 Für die Würzmischung die Chilis waschen, die Stiele entfernen. Den Ingwer schälen und hacken. Mit den Gewürzen und dem Zucker im Mörser (oder Blitzhacker) fein zerstoßen. Den Essig und 1 EL Öl unterrühren. Das Fleisch von Fett und Häutchen

befreien und mit der Würzmischung einreiben. 1 Std. zugedeckt bei Zimmertemperatur marinieren.

2 Den Backofen samt Fettpfanne (im unteren Drittel einschieben) auf 240° vorheizen. Das Fleisch rundherum kräftig salzen. Das übrige Öl in die Fettpfanne geben und den Braten darin von jeder Seite 15 Min. anbraten. Fettpfanne samt Braten aus dem Ofen nehmen, das Fleisch mit Alufolie abdecken. Den Backofen bei geöffneter Tür auf 80° abkühlen lassen. Alufolie entfernen, die Fettpfanne im unteren Drittel einschieben und den Schweinebraten in 4 Std. bei 80° fertig garen.

3 Inzwischen die Süßkartoffeln schälen und grob raspeln. Die Frühlingszwiebeln putzen, waschen und in feine Ringe schneiden. Das Koriandergrün waschen und trocken schütteln, die Blätter und feinen Stiele hacken. Ingwer und Knoblauch schälen und fein reiben. Die Chilischote längs aufschneiden, entkernen und fein schneiden. Alles in einer Schüssel mit 1 kräftigen Prise Salz, dem Kreuzkümmel, dem Ei und dem Kichererbsenmehl vermengen.

4 20 Min. vor Ende der Garzeit in einer Pfanne 1 cm hoch Öl erhitzen und die Süßkartoffel-Fritter darin portionsweise ausbacken. Dazu für jeden Fritter 1 gehäuften EL Süßkartoffelmasse hineinsetzen und zu Küchlein flach drücken. Von jeder Seite in 3–4 Min. goldbraun ausbacken. Den Schweinebraten aus dem Ofen nehmen, in Scheiben schneiden und mit den Süßkartoffel-Frittern servieren. Dazu schmeckt frischer Salat und ein kühles Bier.

orientalisch gewürzt

Roastbeef mit Gurken-Granatapfel-Salat

Das Roastbeef schmeckt kalt ebenso fein wie warm, eignet sich also auch prima als Prunkstück auf dem kalten Büfett.

Für das Roastbeef:

30 g kandierter Ingwer
2 Knoblauchzehen
je 1 EL Koriander- und Kreuzkümmelkörner
abgeriebene Schale von 1 Bio-Orange
Salz
1 EL Dijon-Senf
1,5 kg Roastbeef
2 EL Öl

Für Salat und Dip:

500 g Vollmilchjoghurt
1 großer Granatapfel
2 Salatgurken
2 kleine rote Zwiebeln
1 Bund frische Minze
Salz | Zucker
2 EL Öl
1 Knoblauchzehe
1 TL Kreuzkümmelpulver

Für 8 Personen | ⏲ 45 Min. Zubereitung
1 Std. 30 Min. Garen | Kerntemperatur: 50°
2 Std. Garen | Kerntemperatur: 55°
3 Std. Garen | Kerntemperatur: 60°
Pro Portion ca. 360 kcal, 45 g EW, 16 g F, 9 g KH

1 Den Ingwer fein schneiden. Den Knoblauch schälen und hacken. Beides mit den Gewürzkörnern, der Orangenschale und 1 TL Salz im Mörser fein zerstoßen. Den Senf unterrühren. Das Fleisch von Häutchen und Sehnen befreien und rundherum mit der Würzmischung einreiben.

2 Den Backofen mit einer ofenfesten Form auf 80° vorheizen. Das Öl in einer großen Pfanne (oder einem Bräter) erhitzen und das Fleisch darin von allen Seiten, auch an den Enden, bei mittlerer Hitze 8–10 Min. anbraten. In die Form setzen und die abgefallene Würzmischung auf der Oberfläche verteilen. Im Ofen (Mitte) nach Wunsch 1 Std. 30 Min. (blutig, Bild 3), 2 Std. (durch und durch rosa, Bild 2) oder 3 Std. (zartrosa Kern) garen.

3 Inzwischen den Joghurt in einem feinen Sieb 1 Std. abtropfen lassen. Für den Salat den Granatapfel aufbrechen, die Kerne über einer Schüssel vorsichtig herauslösen (Bild 1), den Saft dabei auffangen. Die Gurken schälen, längs halbieren, die Kerne herauskratzen und die Hälften in Scheiben schneiden. Die Zwiebeln schälen, längs halbieren und in feine Spalten schneiden. Die Minze waschen und trocken schütteln, Blättchen abzupfen und grob hacken (Bild 4). Ein Drittel der Minze für den Dip beiseitelegen. Aus dem Granatapfelsaft, je ½ TL Salz und Zucker und dem Öl eine Salatsauce rühren. Gurke, Granatapfelkerne, Zwiebeln und ⅔ der Minze unterheben. Salat zugedeckt 1 Std. durchziehen lassen.

4 Für den Dip den abgetropften Joghurt in eine Schüssel geben. Den Knoblauch schälen und dazupressen. Übrige Minze und Kreuzkümmel unterrühren und mit Salz abschmecken.

5 Das Roastbeef aus dem Ofen nehmen, in ca. 5 mm dicke Scheiben schneiden und mit Dip und Salat servieren.

Klassiker auf neue Art

Lammkeule mit Skordalia

Lauwarm schmeckt sie am besten, die griechische Kartoffel-Knoblauch-Creme –
die ideale Ergänzung zum saftig-zarten Lammfleisch.

Für die Lammkeule:

1 Bio-Zitrone

2 Knoblauchzehen

4 EL Olivenöl

1 TL getrockneter Thymian

1 große Lammkeule (ca. 2,5 kg)

Salz | Pfeffer

Für die Skordalia:

1 kg mehlig kochende Kartoffeln

Salz

4 Knoblauchzehen

100 g gehäutete gemahlene Mandeln

6 EL Olivenöl

6–8 EL Gemüsebrühe

3–4 EL Zitronensaft

2 EL schwarze Oliven

Für 8 Personen | ⏱ 50 Min. Zubereitung
3 Std.–3½ Std. Garen | Kerntemperatur: 60°
Pro Portion ca. 1005 kcal, 61 g EW, 76 g F, 19 g KH

1 Den Backofen samt Fettpfanne auf 240° vorheizen. Die Zitrone heiß abwaschen, die Schale abreiben. Den Knoblauch schälen und durchpressen. Beides mit 2 EL Olivenöl und dem Thymian verrühren. Die Lammkeule von Häutchen und Sehnen befreien, mit Salz und Pfeffer würzen und mit dem Würzöl einreiben.

2 Sobald der Ofen heiß ist, 2 EL Olivenöl in die Fettpfanne geben und die Keule mit der Innenseite

(der Knochenseite) auf das Öl legen. Keule im Ofen (unteres Drittel) 30 Min. anbraten.

3 Die Fettpfanne samt Keule aus dem Ofen nehmen, das Fleisch mit Alufolie abdecken. Den Backofen bei geöffneter Tür auf 80° abkühlen. Alufolie entfernen, die Fettpfanne wieder im unteren Drittel einschieben und die Keule 2 Std. 30 Min. garen.

4 Inzwischen die Kartoffeln waschen und in Salzwasser in ca. 25 Min. weich kochen. Abgießen, ausdampfen lassen, pellen und durch die Kartoffelpresse drücken. Den Knoblauch schälen und dazupressen. Die Mandeln dazugeben. Öl, Brühe und Zitronensaft dazugeben und alles zu einer cremigen Paste verrühren. Mit Salz abschmecken, in eine Schüssel füllen und mit den Oliven garnieren.

5 Das Fleischthermometer in die dickste Stelle der Lammkeule (aber nicht bis zum Knochen!) stecken und das Fleisch so lange weitergaren (30–60 Min.), bis das Thermometer 60° Kerntemperatur anzeigt. Das Fleisch in Scheiben vom Knochen schneiden und mit der Kartoffelcreme auf vorgewärmten Tellern servieren. Dazu passt ein kräftiger Rotwein.

WENIGER LEUTE AM TISCH?
Eine kleinere Lammkeule für 4–6 Personen (ca. 1,8 kg) 25 Min. anbraten und dann in ca. 2½ Std. bei 80° fertig garen.

für Feinschmecker

Rehschulter mit Wacholderrahm

Während der Rehbraten im Ofen ist, haben Sie genügend Zeit für diese feine Sauce, die jedem Kochprofi zur Ehre gereichen würde.

20 Wacholderbeeren
Salz | Pfeffer
3 EL Öl | 2 Rehschultern (je ca. 1 kg)
50 g durchwachsener Speck
1 Zwiebel
je 1 Möhre und Petersilienwurzel
einige Wildknochen (vom Metzger klein hacken
lassen)
1 EL Tomatenmark
¼ l trockener Rotwein (oder Fleischbrühe)
¼ l Fleischbrühe
1 Lorbeerblatt
150 g saure Sahne | 1 TL Mehl
1 EL Johannisbeergelee

Für 8 Personen | ⏱ 40 Min. Zubereitung
3 Std. Garen | Kerntemperatur: 60°
Pro Portion ca. 375 kcal, 55 g EW, 13 g F, 4 g KH

1 Den Backofen samt ofenfester Form auf 80° vorheizen. 10 Wacholderbeeren mit je 1 TL Salz und schwarzem Pfeffer im Mörser fein zerstoßen und das Fleisch damit einreiben. Das Öl in einem Bräter erhitzen, die Rehschultern darin nacheinander rundherum je 6–8 Min. anbraten. Nebeneinander in die Form legen und 3 Std. im Ofen (Mitte) garen. Den Bräter nicht auswaschen.

2 Für die Sauce den Speck fein würfeln. Die Zwiebel schälen und hacken. Möhre und Petersilienwurzel putzen und grob zerkleinern. Den Bräter wieder erhitzen, Speck, Zwiebel, Wildknochen und Toma-

tenmark ca. 10 Min. bei mittlerer Hitze unter Rühren anbraten. Möhre und Petersilienwurzel dazugeben. Mit Wein und Brühe ablöschen, übrige Wacholderbeeren und das Lorbeerblatt dazugeben und bei schwacher Hitze kochen lassen, bis der Braten fast fertig ist.

3 10 Min. vor Ende der Garzeit die Sauce durch ein feines Sieb in einen Topf abseihen. Den Saft, der sich in der Form gebildet hat, dazugeben und wieder aufkochen. Saure Sahne und Mehl verrühren und mit einem Schneebesen unterrühren. 2–3 Min. kochen lassen. Das Johannisbeergelee unterrühren, die Sauce mit Salz und Pfeffer abschmecken. Das Fleisch vom Knochen schneiden und mit der Sauce auf vorgewärmten Tellern servieren.

UND DAZU?
Für 16 köstliche Steinpilzklößchen 20 g getrocknete Steinpilze 15 Min. in lauwarmem Wasser einweichen, ausdrücken und fein schneiden. 1 Zwiebel schälen und sehr fein hacken. Beides in 1 EL Butter in einer Pfanne glasig anbraten. 15 altbackene Brötchen (ca. 500 g) in dünne Scheiben schneiden. In einer Schüssel mit ¼ l kochend heißer Milch übergießen. Steinpilzmischung und 3 Eier unterkneten. Mit Salz und Pfeffer abschmecken. In einem großen Topf Wasser aufkochen, salzen. Aus der Masse golfballgroße Klößchen formen, einlegen und bei schwacher Hitze in ca. 15 Min. gar ziehen lassen.

für Gäste

Hirschbraten mit Walnuss-Kartoffelplätzchen

Die fruchtige Süße der Birnen und die nussigen Kartoffelplätzchen verbinden sich harmonisch mit dem Wildgeschmack – ein Gedicht!

Für den Braten:
1,2 kg Hirschbraten (aus der Keule)
Salz | Pfeffer | 1 EL Dijon-Senf
3 EL Öl
400 ml Wildfond (aus dem Glas)
150 g Crème fraîche

Für die Cassis-Birnen:
8 kleine reife Birnen
je 400 ml Rotwein und Johannisbeersaft
6 EL Cassis-Likör
1 Zimtstange | 4 Gewürznelken

Für die Kartoffelplätzchen:
800 g mehlig kochende Kartoffeln
40 g Walnusskerne
Salz | frisch geriebene Muskatnuss
2 Eigelb
2–3 EL Mehl
Pfeffer
2–3 EL Butterschmalz

Für 8 Personen | ◎ 1 Std. 30 Min. Zubereitung
4 Std. 30 Min. Garen | Kerntemperatur: 65°
Pro Portion ca. 620 kcal, 37 g EW, 26 g F, 41 g KH

1 Den Backofen samt ofenfester Form auf 80° vorheizen. Das Fleisch von Häutchen und Sehnen befreien. Rundherum kräftig salzen und pfeffern und mit dem Senf einreiben. Das Öl in einem Bräter erhitzen und den Braten rundherum 6–8 Min. anbraten. In die Form geben und im Ofen (Mitte) ca. 4 Std. 30 Min. garen. Bräter nicht auswaschen.

2 Die Birnen schälen (Stiele dranlassen) und aufrecht in einen Topf stellen, der gerade groß genug ist. Wein, Saft und Cassis-Likör angießen, Zimtstange und Nelken dazugeben. Aufkochen lassen und zugedeckt 20 Min. bei schwacher Hitze garen. Vom Herd nehmen und im Sud abkühlen lassen.

3 1 Std. vor Ende der Garzeit die Kartoffeln waschen und in ca. 25 Min. weich kochen. Die Walnüsse in einer Pfanne bei schwacher Hitze rösten, bis sie duften. Abkühlen lassen und mittelfein hacken. Kartoffeln abgießen, ausdampfen lassen, pellen und durch die Kartoffelpresse drücken. Abkühlen lassen, mit Salz und Muskat würzen. Walnüsse, Eigelbe und so viel Mehl unterkneten, dass ein formbarer Teig entsteht. Daraus golfballgroße Kugeln formen und zu ½ cm dicken Plätzchen flach drücken.

4 30 Min. vor Ende der Garzeit den Bräter mit dem Bratensatz wieder erhitzen. Birnen aus dem Sud nehmen, 200 ml Sud abmessen und mit dem Wildfond in den Bräter geben. 20 Min. kochen lassen. Inzwischen das Butterschmalz in einer Pfanne erhitzen, die Kartoffelplätzchen portionsweise von jeder Seite in 2–3 Min. goldbraun ausbacken. Auf einer Platte im Backofen warm halten.

5 Hirschkeule herausnehmen. Den Bratensaft, der sich in der Form gebildet hat, mit der Crème fraîche unter den Fond rühren. 3 Min. einkochen lassen, mit Salz und Pfeffer abschmecken. Den Braten in Scheiben schneiden. Mit Sauce, Kartoffelplätzchen und je 1 Birne auf vorgewärmten Tellern servieren.

winterlich

Wildschweinbraten mit Sahnewirsing

Wirsing ist nicht jedermanns Sache. Mit dieser feinen Variante mit glasierten Maronen und Haselnüssen habe ich schon viele Skeptiker bekehrt.

Für den Braten:

1,6 kg Wildschweinbraten (Schulter oder Keule)
2 Knoblauchzehen
3 EL Olivenöl
1 EL getrockneter Salbei
Salz | Pfeffer
400 ml Wildfond (aus dem Glas)
3 EL Gin (nach Belieben)
Küchengarn

Für den Sahnewirsing:

1 großer Kopf Wirsing (ca. 1 kg)
Salz
50 g Haselnussblättchen
2 EL Butterschmalz
500 g vorgegarte Maronen (vakuumverpackt)
1 TL Zucker
200 g Sahne
Muskatnuss, frisch gerieben
Eiswürfel

Für 8 Personen | ⊕ 1 Std. 20 Min. Zubereitung
5 Std. Garen | Kerntemperatur: 65°
Pro Portion ca. 630 kcal, 51 g EW, 27 g F, 33 g KH

1 Den Backofen samt ofenfester Form auf 80° vorheizen. Das Fleisch von Häutchen und Sehnen befreien. Den Knoblauch schälen und durchpressen. Mit 1 EL Öl und dem Salbei verrühren. Das Fleisch kräftig salzen und pfeffern, mit der Würzmischung einreiben und mit Küchengarn binden. Das übrige Öl in einem Bräter erhitzen und das

Fleisch rundherum 8–10 Min. anbraten. In die Form setzen und im Ofen (Mitte) 5 Std. garen. Den Bräter nicht auswaschen.

2 Vom Wirsing den Strunk keilförmig herausschneiden, die Blätter ablösen, waschen und abtropfen lassen. Die harten Rippen entfernen und die Blätter in 1 cm breite Streifen schneiden. Wasser aufkochen, salzen und den Wirsing darin 4–5 Min. blanchieren. Durch ein Sieb abgießen und in Eiswasser abschrecken, damit er seine Farbe behält. Anschließend im Sieb abtropfen lassen. Den Bräter wieder erhitzen, den Bratensatz mit dem Fond ablöschen. Bei starker Hitze auf die Hälfte einkochen.

3 Die Haselnussblättchen in einer Pfanne rösten, bis sie duften, herausnehmen. 1 EL Butterschmalz in der Pfanne schmelzen. Die Maronen mit Zucker und ½ TL Salz darin bei mittlerer Hitze in 5–6 Min. erwärmen und glasieren, dabei regelmäßig die Pfanne rütteln. Zugedeckt warm halten.

4 Das übrige Butterschmalz in einem Topf erhitzen, Wirsing und die Sahne dazugeben. Aufkochen lassen und 5 Min. bei mittlerer Hitze garen. Mit Salz, Pfeffer und 1 Prise Muskat abschmecken. Die Maronen unterheben. In eine vorgewärmte Schüssel füllen und mit den Haselnüssen bestreuen.

5 Den Bratensaft aus der Form im Ofen zum eingekochten Fond geben. Nach Belieben mit Gin, Salz und Pfeffer abschmecken. Den Braten in Scheiben schneiden und mit Sauce und Wirsing servieren.

Fisch: sanft gegart bei 100°

Ob Thunfisch, Schwertfisch, Lachs oder Wolfsbarsch, ob als Filet, Steak oder im Ganzen zubereitet – auch Fisch entwickelt bei Niedrigtemperatur sein bestes Aroma, wird zart und bleibt saftig. Mein Lieblingsrezept: Lachs mit Chili-Minz-Butter – ein ganz einfaches Gericht, mit dem auch Küchenneulinge glänzen werden.

Lachsfilet mit Chili-Minz-Butter

2 Lachsfiletstücke (je ca. 180 g, ohne Haut)
Salz | Pfeffer
½ EL Öl
1 Bio-Limette
½ Bund frische Minze
½ gelbe Paprikaschote
1 rote Chilischote
50 g Butter | Zucker

Für 2 Personen | ⏱ 30 Min. Zubereitung
Pro Portion ca. 610 kcal, 37 g EW, 48 g F, 10 g KH

1 Den Backofen samt einer ofenfesten Form auf 100° vorheizen. Den Lachs kalt abspülen, trocken tupfen, salzen und pfeffern. Eine Grillpfanne erhitzen, die Stege mit Öl einpinseln und die Lachsfilets darin von jeder Seite 1 Min. scharf anbraten. In die Form setzen und 15 Min. im Ofen (Mitte) garen.

2 Inzwischen die Limette heiß abwaschen, abtrocknen und in dünne Scheiben schneiden. Minze waschen und trocken schütteln, Blättchen abzupfen und fein schneiden. Paprikahälfte putzen, waschen, abtrocknen und sehr fein würfeln. Chilischote waschen, abtrocknen und in feine Ringe schneiden.

3 Die Butter in einer Pfanne aufschäumen (nicht bräunen). Limettenscheiben, Paprikawürfelchen, Chiliringe und Minze ca. 1 Min. braten, mit je 1 Prise Salz und Zucker würzen. Über die Lachsfilets verteilen und alles 5 Min. im Ofen garen. Dazu schmecken Weißbrot und ein frischer Blattsalat.

MEHR LEUTE AM TISCH?
Das Rezept lässt sich für viele Gäste zubereiten: Zutaten vervielfachen und die Filets in der Fettpfanne garen.

thailändisch inspiriert

Thunfisch mit Salsa

4 frische Thunfischsteaks (je ca. 150 g, Sushi-Qualität)
4 Stängel Zitronengras
2 EL Öl
2 Tomaten
1 Stück frischer Ingwer (ca. 4 cm)
2 Knoblauchzehen
1 große grüne Chilischote
1 Bund Koriandergrün
3 EL Fischsauce
5 EL Limettensaft
1 TL Zucker

Für 4 Personen | ◎ 30 Min. Zubereitung
Pro Portion ca. 410 kcal, 33 g EW, 28 g F, 4 g KH

1   Den Backofen samt einer ofenfesten Form auf 100° vorheizen. Den Thunfisch kalt abwaschen und trocken tupfen. Das Zitronengras von äußeren harten Blättern befreien, längs halbieren und flach klopfen. Das Öl in einer Pfanne erhitzen und den Fisch von jeder Seite 1 Min. scharf anbraten. Zitronengras in der Form verteilen, die Thunfischsteaks daraufsetzen und 15 Min. im Ofen (Mitte) garen.

2   Inzwischen für die Salsa die Tomaten waschen, halbieren, entkernen und sehr fein würfeln. Ingwer und Knoblauch schälen und sehr fein hacken. Die Chilischote waschen, längs aufschneiden, entkernen und fein würfeln. Koriander waschen und trocken schütteln, die Blätter abzupfen und grob hacken. Fischsauce, Limettensaft und Zucker verrühren, alle vorbereiteten Zutaten untermischen. Thunfisch (ohne Zitronengras) auf vorgewärmten Tellern anrichten. Mit der Salsa servieren.

amerikanische Südstaatenküche | exklusiv

Cajun-Schwertfisch

4 Schwertfischsteaks (je ca. 150 g)
Salz | 2 TL Cajun-Gewürz
2 EL Öl
1 reife Cantaloup-Melone
1 Bund Frühlingszwiebeln
1 Stück frischer Ingwer (ca. 5 cm)
1 große rote Chilischote
½ Bund Zitronenmelisse
4 EL Zucker
je 4 EL Weißweinessig und Limettensaft

Für 4 Personen | ◎ 40 Min. Zubereitung
Pro Portion ca. 330 kcal, 31 g EW, 12 g F, 25 g KH

1   Den Backofen samt einer ofenfesten Form auf 100° vorheizen. Den Fisch kalt abwaschen, trocken tupfen, rundherum mit Salz und Cajun-Gewürz einreiben. Das Öl in einer Pfanne erhitzen, Fisch von jeder Seite 1 Min. scharf anbraten. In die Form setzen und 20 Min. im Ofen (Mitte) garen.

2   Inzwischen die Melone in Spalten schneiden, schälen, entkernen und das Fruchtfleisch 1 cm groß würfeln. Die Frühlingszwiebeln putzen, waschen und in feine Ringe schneiden. Den Ingwer schälen und fein reiben. Die Chili waschen und in feine Ringe schneiden. Die Zitronenmelisse waschen und trocken schütteln, die Blätter abzupfen.

3   Den Zucker in einer Pfanne schmelzen, Ingwer, Chili und 1 Prise Salz unterrühren. Mit Essig und Limettensaft ablöschen und rühren, bis sich der Zucker aufgelöst hat. Die Mischung warm mit Melisse und Frühlingszwiebeln unter die Melonenstückchen mischen. Zum Schwertfisch servieren.

oben: Thunfisch mit Salsa | unten: Cajun-Schwertfisch

spanisch inspiriert

Seeteufel

600 g Seeteufelfilets
Salz | Cayennepfeffer
4 EL Olivenöl
2 Orangen, 1 davon Bio
½ Scheibe Toastbrot
1 Knoblauchzehe
2 EL Mandelstifte
½ TL Kreuzkümmel
1 kleine Zwiebel

Für 4 Personen | 🕙 40 Min. Zubereitung
Pro Portion ca. 253 kcal, 24 g EW, 14 g F, 5 g KH

1 Den Backofen samt einer ofenfesten Form auf 100° vorheizen. Den Fisch waschen, trocken tupfen und in 12 Scheiben schneiden, mit Salz und Cayennepfeffer würzen. In einer Pfanne in 2 EL heißem Öl von jeder Seite 1 Min. scharf anbraten. In die Form geben und 15 Min. im Ofen (Mitte) garen.

2 Inzwischen die Bio-Orange heiß abwaschen und abtrocknen. Mit einem Zestenreißer die Schale abziehen, beide Orangen auspressen. Das Brot entrinden und zerbröseln. Knoblauch schälen und hacken. Mandeln, Brot und Knoblauch mit Kreuzkümmel und je ¼ TL Salz und Cayennepfeffer im Blitzhacker fein zerkleinern.

3 Die Zwiebel schälen und sehr fein hacken. Übriges Öl in einer Pfanne erhitzen, die Zwiebel 2 Min. anbraten. Mit Orangensaft ablöschen und bei starker Hitze 2 Min. einkochen lassen. Mandelmischung und Orangenzesten untermischen, 2 Min. unter Rühren sämig einkochen. Den Fisch auf vorgewärmten Tellern anrichten und mit der Sauce überziehen.

mit gegrillter Paprika

Baskischer Thunfisch

je 2 große gelbe und rote Paprikaschoten
4 Thunfischsteaks (je ca. 150 g, frisch oder TK und aufgetaut)
Salz | Pfeffer
4 EL Olivenöl
4 Knoblauchzehen
1 Bund Petersilie
Zitronenspalten zum Garnieren

Für 4 Personen | 🕙 45 Min. Zubereitung
Pro Portion ca. 475 kcal, 35 g EW, 34 g F, 9 g KH

1 Backofen auf 250° vorheizen. Die Paprikaschoten waschen, auf dem Blech unter dem Backofengrill in 8–10 Min. grillen, bis die Haut schwarze Blasen bekommt (gelegentlich wenden). Herausnehmen und etwas abkühlen lassen.

2 Backofentemperatur auf 100° reduzieren, ofenfeste Form hineingeben (auf das Gitter, Mitte). Thunfischsteaks abwaschen, trocken tupfen, salzen und pfeffern. In einer Pfanne in 2 EL Öl von jeder Seite 1 Min. scharf anbraten, in die Form setzen und im Ofen 15 Min. garen.

3 Inzwischen Paprikaschoten häuten, entkernen, in Rauten schneiden und salzen. Knoblauch schälen und in dünne Scheiben schneiden. Petersilie waschen und trocken schütteln, Blätter abzupfen und fein schneiden. Übriges Öl in einer Pfanne erhitzen, Petersilie und Knoblauch 1 Min. unter Rühren braten. Paprika in der Form um den Fisch verteilen, Petersilienmischung über den Fisch geben und in 5–7 Min. fertig garen. Mit den Zitronenspalten garniert servieren.

oben: Baskischer Thunfisch | unten: Seeteufel

raffiniert | für besondere Anlässe

Wolfsbarsch mit Pernodsahne

Zu diesem Edelfisch mit aromatischer Anissauce servieren Sie leuchtend gelben Safranfenchel – ein Genuss für Auge und Gaumen.

1 küchenfertiger großer Wolfsbarsch (ca. 600 g)
Salz | Pfeffer
½ Bio-Zitrone | 1 EL Butter
2 junge Fenchelknollen (ca. 500 g)
1 Schalotte | 1 EL Butterschmalz
4 EL Pernod
200 ml Fischfond (aus dem Glas)
100 g Sahne
1 Döschen Safranfäden (0,1 g)
1 Stück Bratschlauch (ca. 80 cm)

Für 2 Personen | 1 Std. Zubereitung
Pro Portion ca. 610 kcal, 58 g EW, 28 g F, 14 g KH

1 Den Backofen auf 100° vorheizen. Den Fisch außen und innen waschen und trocken tupfen, salzen und pfeffern. Die Zitrone heiß abwaschen, abtrocknen und in Scheiben schneiden. Mit der Butter in den Fischbauch geben. Den Fisch in den Bratschlauch legen, an beiden Enden verschließen. Auf das Blech im Backofen legen (Mitte) und ca. 35 Min. garen.

2 Fenchel waschen, das Grün abschneiden und in kaltes Wasser legen. Die harten Stängel abschneiden und klein schneiden. Die Schalotte schälen und fein hacken. In einem Topf ½ EL Butterschmalz erhitzen, Schalotte und Fenchelstängel darin bei mittlerer Hitze glasig anbraten. 2 EL Pernod hinzufügen und einkochen lassen. Fischfond und die Sahne dazugeben und ca. 20 Min. bei mittlerer Hitze einkochen lassen.

3 Ca. 15 Min. vor Ende der Garzeit des Fisches die Fenchelknollen längs halbieren und die Hälften längs in Spalten schneiden. Das übrige Butterschmalz in einer Pfanne erhitzen. Fenchel und Safran darin bei mittlerer Hitze 8–10 Min. braten, gelegentlich umrühren. Salzen und zugedeckt warm halten.

4 Den Fond durch ein feines Sieb in einen anderen Topf gießen und bei starker Hitze sämig einkochen lassen. Den übrigen Pernod unterrühren und mit Salz und Pfeffer abschmecken.

5 Den Fisch aus dem Ofen nehmen und die Filets auslösen: Dazu den Kopf entfernen und von der Oberseite die Haut abziehen. Mit einem Fischmesser (oder einer Gabel) entlang der Mittelgräte einschneiden, die beiden Filets abheben und auf zwei vorgewärmte Teller geben. Die Mittelgräte in einem Stück herausziehen, die beiden unteren Filets auslösen. Fischfilets auf dem Safranfenchel anrichten, mit Sauce überziehen. Mit Fenchelgrün garnieren.

TIPP – OHNE ALKOHOL
Wer keinen Pernod verwenden möchte, brät mit Schalotte und Fenchel 1 TL Anissamen an und schmeckt die Sauce am Schluss mit 1–2 TL Zitronensaft und 1 Prise Zucker ab.

TIPP – GARPROBE?
Ziehen Sie an der Rückenflosse – das geht auch durch die Folie. Wenn sie sich leicht herausziehen lässt, ist der Wolfsbarsch gar.

Zum Gebrauch

Damit Sie Rezepte mit bestimmten Zutaten noch schneller finden können, stehen in diesem Register zusätzlich auch beliebte Zutaten wie **Schweinefilet** und **Kartoffeln** – ebenfalls alphabetisch geordnet und **hervorgehoben** – über den entsprechenden Rezepten.

DAS ORIGINAL · GU · MIT GARANTIE

Unsere Garantie

Alle Informationen in diesem Ratgeber sind sorgfältig und gewissenhaft geprüft. Sollte dennoch einmal ein Fehler enthalten sein, schicken Sie uns das Buch mit dem entsprechenden Hinweis an unseren Leserservice zurück. Wir tauschen Ihnen den GU-Ratgeber gegen einen anderen zum gleichen oder ähnlichen Thema um.

Liebe Leserin und lieber Leser,

wir freuen uns, dass Sie sich für ein GU-Buch entschieden haben. Mit Ihrem Kauf setzen Sie auf die Qualität, Kompetenz und Aktualität unserer Ratgeber. Dafür sagen wir Danke! Wir wollen als führender Ratgeberverlag noch besser werden. Daher ist uns Ihre Meinung wichtig. Bitte senden Sie uns Ihre Anregungen, Ihre Kritik oder Ihr Lob zu unseren Büchern. Haben Sie Fragen oder benötigen Sie weiteren Rat zum Thema? Wir freuen uns auf Ihre Nachricht!

Wir sind für Sie da!
Montag–Donnerstag: 8.00–18.00 Uhr;
Freitag: 8.00–16.00 Uhr *(0,14 €/Min. aus dem dt. Festnetz/Mobilfunkpreise
Tel.: 0180-5 00 50 54*
Fax: 0180-5 01 20 54* maximal 0,42 €/Min.)
E-Mail:
leserservice@graefe-und-unzer.de

P.S.: Wollen Sie noch mehr Aktuelles von GU wissen, dann abonnieren Sie doch unseren kostenlosen GU-Online-Newsletter und/oder unsere kostenlosen Kundenmagazine.

GRÄFE UND UNZER VERLAG
Leserservice
Postfach 86 03 13
81630 München

© 2008
GRÄFE UND UNZER VERLAG GmbH, München

Projektleitung: Susanne Lang
Lektorat: Katharina Lisson
Layout, Typografie und Umschlaggestaltung: independent Medien-Design, Horst Moser, München
Satz: Liebl Satz+Grafik, Emmering
Herstellung: Claudia Labahn
Reproduktion:
Repro Ludwig, Zell am See
Printed in China

Syndication:
www.jalag-syndication.de

ISBN 978-3-8338-0996-5

8. Auflage 2012

Die Autorin

Margit Proebst studierte Kunstgeschichte und Philosophie, daneben betrieb sie über viele Jahre einen kleinen Catering-Service. Seit 1999 arbeitet die passionierte Köchin als Kochbuchautorin und Foodstylistin in München. Ihre Liebe zu Kunst und zu gutem Essen führt sie regelmäßig auf Reisen. In Italien, Frankreich und Spanien lässt sie sich zu immer neuen kulinarischen Höhepunkten inspirieren, mit denen sie gerne ihre Gäste verwöhnt.

Die Fotografinnen

Ulrike Schmid und Sabine Mader arbeiten seit Jahren als eingespieltes Team in ihrem Fotostudio **Fotos mit Geschmack.** Sie fotografieren, wo das Licht am schönsten ist, ob im Studio, in der Küche oder im Freien. Das Foodstyling machte Margit Proebst.
www.fotos-mitgeschmack.de

Bildnachweis

Titelfoto: Jörn Rynio, Hamburg; alle anderen: Fotos mit Geschmack, München

Titelbildrezept

Gefüllte Schweinefilets (S. 24)

Wichtiger Hinweis

Die Ratschläge in diesem Buch sind von Autorin und Verlag sorgfältig erwogen und geprüft. Dennoch kann eine Garantie nicht übernommen werden. Eine Haftung der Autoren bzw. des Verlages und seiner Beauftragten für Personen-, Sach- und Vermögensschäden ist ausgeschlossen.

Die Temperaturangaben bei Gasherden variieren von Hersteller zu Hersteller. Welche Stufe Ihres Herdes der jeweils angegebenen Temperatur entspricht, entnehmen Sie bitte der Gebrauchsanweisung. Bei Elektroherden können die Backzeiten je nach Herd variieren. Bei Kuchen empfiehlt sich immer die Stäbchenprobe.

GRÄFE UND UNZER
Ein Unternehmen der
GANSKE VERLAGSGRUPPE

Appetit auf mehr?

 ISBN 978-3-8338-0309-3

 ISBN 978-3-8338-0864-7

  ISBN 978-3-8338-0326-0

 ISBN 978-3-8338-0993-4

 ISBN 978-3-8338-0327-7

 ISBN 978-3-8338-0329-1

www.gu.de: Blättern Sie in unseren Büchern, entdecken Sie
wertvolle Hintergrundinformationen sowie unsere Neuerscheinungen.

Willkommen im Leben.

Schnelle Saucen aus dem Bratensatz

Schinken-Mandel-Stippe

2 Tomaten überbrühen, kalt abschrecken, häuten, entkernen und das Fruchtfleisch fein würfeln. ½ Bund Petersilie waschen und trocken schütteln, Blätter fein schneiden. 1 Schalotte und 1 Knoblauchzehe schälen und fein hacken. 1 dicke Scheibe Serranoschinken (ca. 50 g) samt Speckrand klein würfeln. Den Bratensatz mit 1 TL Öl erhitzen. Schalotte, Knoblauch, Schinken und 2 EL Mandelstifte unter Rühren 2 Min. braten. Tomatenwürfel und Petersilie unterrühren, 2 Min. mitbraten. Mit Pfeffer und (wenig) Salz würzig abschmecken. Schmeckt zu Kalbfleisch, Hähnchen und Fisch.

Balsamico-Apfel-Sauce

Die Pfanne mit dem Bratensatz erhitzen, je 100 ml Apfelsaft und Kalbsfond mit 200 g Sahne in 7–8 Min. sprudelnd einkochen. 2 kleine säuerliche Äpfel waschen, Kerngehäuse entfernen und Fruchtfleisch in Spalten schneiden. In einer anderen Pfanne 1 EL Butterschmalz erhitzen und die Apfelspalten von jeder Seite 1 Min. braten, leicht pfeffern. 2 EL Aceto balsamico unter die Sauce rühren, mit Salz, Pfeffer und einer Prise Zimtpulver abschmecken. Die Apfelspalten einlegen und 1 Min. in der Sauce ziehen lassen. Passt gut zu Schweinefilet und Wild.

Tomaten-Knoblauch-Sahne

Den Bratensatz in der Pfanne erhitzen, mit 100 ml Gemüsebrühe und 200 g Sahne ablöschen. 2 Knoblauchzehen schälen, längs halbieren (den grünen Trieb entfernen) und hinzufügen. Die Flüssigkeit in 4–5 Min. sprudelnd einkochen lassen. 10 Kirschtomaten waschen, klein würfeln und hinzufügen, 2 Min. bei schwacher Hitze ziehen lassen. 4 Stiele Basilikum waschen, trocken schütteln, die Blätter grob zerpflücken. Die Knoblauchhälften herausfischen (dann hat die Sauce nur ein zartes Aroma). Sauce mit Salz und Pfeffer würzen und kurz vor dem Servieren Basilikum unterrühren. Schmeckt zu Kalbfleisch und Fisch. Wer mag, hobelt über das fertige Gericht noch ein paar Parmesanspäne.